A TOUS LES

Honnêtes Gens,

SUR

LES ABUS MORAUX ET POLITIQUES

AU XIXe SIÈCLE,

PAR

A^{dre} DAREAU DE THIRON.

Égalité politique.

PRIX : 1 F.

Paris,

CHEZ LEDOYEN, LIBRAIRE,

PALAIS-ROYAL, GALERIE D'ORLÉANS, 31.

1847

A TOUS LES HONNÊTES GENS

SUR

LES ABUS MORAUX

ET POLITIQUES.

Versailles.—Imp. de DESPART, rue Satory, 28.

A TOUS LES HONNÊTES GENS

SUR LES

ABUS MORAUX ET POLITIQUES

AU XIXe SIÈCLE,

PAR

A^{dre} DAREAU DE THIRON.

Égalité politique.

PRIX : 1 F.

Paris,

CHEZ LEDOYEN, LIBRAIRE,

PALAIS–ROYAL, GALERIE D'ORLÉANS, 51.

—

1847

—

Il y a quelque temps, ouvrant au hasard un volume de la *Revue indépendante*, je tombai sur ces lignes : « Il est une question de-
« vant laquelle toutes les autres
« ne sont que secondaires : c'est
« le grand problème de l'émanci-
« pation du peuple, comme l'éman-
« cipation du tiers-état fut le pro-
« blème du siècle dernier ; mais
« l'aristocratie bourgeoise ne sera
« pas plus intelligente que ne le
« fut l'aristocratie nobiliaire ; c'est
« donc au peuple à se faire justice. »
Cette pensée, si vraie et si juste, qui est celle de tous les honnêtes

gens de tous les partis, me parut digne de la publicité la plus étendue, et je me proposai d'y aider pour ma part le plus qu'il me serait possible, par tous les moyens en mon pouvoir.

Dans une position indépendante, mais éprouvé, quoique jeune encore, par les vicissitudes de la fortune la plus capricieuse, je n'écris que sous l'influence de la plus profonde conviction. J'ai assisté au spectacle des misères que je raconte et j'ai touché du doigt ces plaies sociales qu'il serait si nécessaire de cicatriser. Je dis donc ce que j'ai vu, et j'en appelle au jugement impartial de tout homme juste, intelligent et vrai, persuadé qu'il comprendra qu'il n'est pour le peuple aucune assurance de bien-être dans le présent, aucune lueur d'espérance de bonheur dans l'ave nir, sans une réforme électorale, prompte et surtout radicale.

Nous écrivons ainsi en tête de cette brochure : ÉGALITÉ POLITIQUE ! parce que nous savons que c'est seulement l'application de ce droit qui peut assurer au peuple le bien-être moral et physique auquel tout homme doit légitimement prétendre.

Nous ne nous faisons ici l'apôtre d'aucun système, le séïde d'aucun patron ; peu nous importe la forme et le nom d'un gouvernement, pourvu que le peuple soit appelé à jouir du droit qui lui appartient d'administrer en commun les intérêts de tous, de connaître et de délibérer des affaires du pays par lui-même ou par un mandataire : que la représentation nationale ne soit plus une fiction, mais une vérité, voilà ce que nous désirons.

Nous ne voulons soulever aujourd'hui qu'un coin du voile qui recouvre la misère et la honte de notre époque, car cette brochure n'est que la préface d'un livre qui ôtera le masque à plus d'un visage, et, puisque le scandale est à l'ordre du jour dans le monde gouvernemental, nous nous en servirons dans l'intérêt du peuple comme de l'arme la plus sûre et la plus terrible.

Et maintenant, que les uns ou les autres nous accusent de sottise, il nous importe peu : nous obéissons à une noble, à une généreuse impulsion, et de quelque part qu'elles viennent, nous méprisons la menace aussi bien que la flatterie.

DU PEUPLE.

Le peuple est la partie la plus nombreuse et la plus utile de la nation.

Peuple, signifie la réunion d'une multitude d'hommes qui habitent une contrée, un pays, et qui obéissent aux lois d'un même gouvernement. Il est difficile de bien définir ce nom collectif, parce que chacun s'en forme une idée différente, suivant les lieux et les temps, et selon la nature des gouvernements. L'esquisse historique de notre constitution nationale, depuis soixante ans environ, fera comprendre ces idées différentes sur la manière d'être et d'exister d'un peuple dans un État policé.

1.

Le peuple, c'est la nation, ce sont les gouvernants et les gouvernés. C'était, en 1780, sous Louis XVI, les trois ordres réunis du clergé, de la noblesse et du tiers-état. La France, alors soumise au bon plaisir d'un roi absolu, était livrée aux priviléges des nobles et du clergé, tandis que le tiers-état, c'est-à-dire la bourgeoisie, les ouvriers, les laboureurs et les prolétaires, accablés sous le poids de toutes les charges publiques, ne trouvait dans le travail même que mépris, abandon et misère.

Deux classes bien distinctes composaient donc le peuple : le privilége et la servitude.

En 1789, l'Assemblée nationale proclamant les droits de l'homme, inscrivit en tête de son programme les mots *égalité, liberté, fraternité!!!* et ces trois mots, rapides et puissants comme la foudre, écrasèrent d'un seul coup l'orgueilleux piédestal sur lequel reposaient depuis treize siècles le despotisme et le privilége, entourés de tous les abus qu'ils traînent à leur suite. L'émigration commence, la tête du monarque roule sur l'échafaud ; noblesse, clergé, tout fuit ou tombe sous la hache de l'égalité ; immunités, priviléges disparaissent anéantis, et la France montre à l'Europe étonnée ce que sait affronter, ce que peut oser un peuple conduit par la liberté. Le peuple alors, c'était bien toute la nation, c'était la force, la puissance et la souveraineté.

Il ne convient pas de rouvrir ici les pages sanglantes mais héroïques de nos annales républicaines. Que l'esprit de parti analyse s'il veut, suivant ses passions ou ses préjugés, les choses et les hommes de ces temps révolutionnaires, qu'il outrage ou encense, qu'il foule aux pieds ou déifie, permis à lui ; mais il est vrai de dire que l'on peut justement admirer et estimer les nobles caractères des hommes politiques de cette époque orageuse, puisqu'en bravant l'échafaud, ils ont payé de leur tête le droit de faire respecter leurs inébranlables convictions... et quelle absurde ou sotte prévention, quelle stupide ou systématique opinion oseraient jamais nier l'influence régénératrice de 89 ?

Mais l'astre républicain pâlit, il s'éteint sous le souffle égoïste et corrompu du Directoire ; et l'Empire, météore lumineux, apparaît resplendissant de tous les feux du génie. Une nouvelle Constitution se forme : la nation échange les bénéfices de sa liberté contre les prestiges de la gloire ; la puissance est remise aux mains d'un seul ; et Napoléon comme Louis XIV, peut dire : *L'État*, *c'est moi!* Ce n'est plus le peuple de la Constituante, de la Législative et de la Convention ; du sein de la nation s'élève et s'implante une nouvelle noblesse, greffée sur l'ancienne. La nation s'appelle bien encore le peuple français ; mais ce peuple a ses comtes, barons, ducs et princes, et le clergé est reconstitué ; l'égalité meurt, le privilége renaît, et il faut à ce peuple, satisfait dans tous ses besoins, riche des dépouilles de l'Europe vaincue, ébloui par les merveilles d'un règne qui inscrit le nom français le premier sur la liste des nations, il faut, dis-je, à ce peuple les désastres de 1813 pour dessiller ses yeux et rompre cette vision funeste qui enchaîne son indépendance politique au char d'un triomphateur.

A l'Empire succède la Restauration, que l'Europe, aidée par la trahison d'un

parti anti-national , impose deux fois à
la France, et Louis XVIII , instruit par
les événements , donne à la nation une
Charte constitutionnelle ; mais cette ga-
rantie des droits et des libertés de tous ,
devient bientôt entre les mains du pouvoir un titre vain et mensonger. La nouvelle noblesse de l'Empire a cédé le pas
à l'armée de Coblentz, revenue à la suite
de ses maîtres , et qui , comme eux , n'a
rien appris et rien oublié ; le clergé lève
la tête, reprend peu à peu son ascendant,
et sous Charles X une réaction mena-
çante veut arracher le dernier signe des
libertés publiques. Déjà le droit d'aînesse
est proposé , la loi du sacrilége obtenue ,
la censure établie, des ordonnances li-
berticides sont lancées contre la presse ;
mais le peuple veille , il a tout compris,
et sa main puissante renverse et brise
un trône sur lequel est assis un vieillard

en démence, dont l'exil va punir la criminelle audace.

Il manquait à la Restauration ce qui avait fasciné les yeux sous l'Empire : le génie et la gloire.

Cependant le gouvernement constitutionnel est conservé ; mais ce n'est plus un roi qui vient octroyer une charte à des sujets ; ce sont quelques députés restés à leur poste qui dictent à un prince les conditions qu'il doit accepter avec la couronne, et la Charte de 1830 est promulguée.

Ainsi nous le voyons, dans cette période de cinquante années à peine, cinq gouvernements se sont succédé, et sous ces gouvernements, l'idée que nous nous formons du mot peuple, a dû nécessairement subir des modifications.

Sous Louis XVI, deux classes partageaient la nation : d'un côté la classe du

privilége ; de l'autre celle de la servitude.
La république construisant sur les ruines
de l'une et de l'autre l'édifice de la liberté , établit le règne de l'égalité , et le
peuple ne forme plus alors qu'une seule
classe dans la nation. Avec l'Empire re-
naissent , non pas les abus et la servitude
de 1780, mais de nouvelles prérogatives
sont accordées à une faible minorité du
peuple au préjudice de l'immense majorité , et la Restauration , sous le faux
semblant d'idées progressives, élargit en
théorie les principes libéraux des droits
constitutionnels, qu'elle restreint de tout
son pouvoir dans la pratique de leur
application ; nous revenons insensible-
ment à la monarchie absolue , au privilége et à la servitude , si la révolution
de juillet n'enchaînait à temps cet esprit
réactionnaire que la force des choses
comprime seulement aujourd'hui , au

grand déplaisir de nos gouvernants. Car il est évident pour tout le monde, que si nous n'avons pas rétrogradé, nous n'avons pas avancé non plus, et qu'aujourd'hui, comme en 1850, nous avons la classe du privilége qui s'efforce chaque jour d'étendre ses prérogatives au préjudice de l'immense majorité.

Un mot maintenant sur ce que nous appelons le peuple dans la nation :

Sous le gouvernement monarchique absolu, comme sous le gouvernement monarchique constitutionnel, le peuple, c'est bien toujours la nation, mais les différentes classes qui composent cette nation, doivent nécessairement recevoir un nom relatif ou significatif qui serve à établir une distinction entre ces différentes classes; c'est pourquoi nous changeons la signification collective du mot peuple en une signification particulière

propre seulement à la plus grande partie du peuple, à cette partie qui, par sa
manière d'exister dans la nation, reporte
sur elle seule l'idée que nous nous formons du peuple en prononçant ce mot :
et ainsi, par opposition à la classe des
nobles et du clergé autrefois, de la finance et bourgeoisie au temps présent
et que nous appelons classe du privilége,
nous avons donné le nom de peuple à
cette autre classe qui comprend sous
cette dénomination les ouvriers, les laboureurs, le petit commerce et les prolétaires. Car il convient en effet que
cette partie du peuple qui seule pourrait
former une nation, conserve particu-
lièrement ce nom de peuple donné à
une multitude d'hommes réunis sous les
mêmes lois ; et c'est pour cette partie la
plus nombreuse et la plus utile de la nation que nous avons écrit cette brochure.

DU PRIVILÉGE.

C'est lui qui pèse aujourd'hui de
tout le poids de sa flétrissante corruption sur les droits moraux et
politiques de la nation.

S'il est difficile de définir le nom de peuple, il ne l'est pas d'établir sous notre gouvernement constitutionnel le nom qui doit qualifier le privilége, car chacun le sait, le dit et le nomme, et il s'intitule lui-même *aristocratie financière*.

Nous n'avons plus de nobles, nous n'avons plus de clergé, cela est vrai. L'esprit de notre siècle a fait justice de ces vaniteuses prétentions, de ces ridicules exigeances, de ces prérogatives anti-sociales accordées à la naissance et à la condition. Un noble n'est plus aujourd'hui qu'un simple individu, et les anathèmes de l'épiscopat ne pourraient même plus effrayer un enfant. Ces deux castes ont fait leur temps, tout est dit pour elles et cela est bien. Mais si cet injuste privilége a fui pour jamais, si dans notre idée le nom de Béranger le chansonnier, est infiniment plus considérable que le nom d'un Montmorency ; si nous ne voulons plus voir dans la pourpre romaine d'un cardinal-évêque, que la soutane du prêtre, il n'est pas moins vrai que le privilége de la finance se tient debout entre le peuple et l'égalité, aussi monstrueux peut-être que le privilége de la noblesse et du clergé sous l'absolutisme et la féodalité.

Comme cet ancien privilége, ce nouvel élu défie dans sa cynique audace les réformes les plus salutaires, se moque des efforts de la pensée, méprise les convictions, insulte à tous les malheurs et construit l'édifice de sa puissance sur l'isolement, l'abandon et la misère de tous. Tel qu'un arbre orgueilleux dont les racines insatiables épuisent le sol qui le nourrit, dont les branches épaisses étouffent sous leur ombrage les plantes etiolées qui croissent près de lui, tel aussi ce dévorant privilége, arrosé des sueurs d'un travail incessant, courbe sous son affreux égoïsme le courage et la force de la multitude, laissant à peine aux besoins du peuple un abri, un lit et du pain. Oui, c'est bien lui, c'est bien cet insolent privilége financier qui, gorgé de faveurs, de places et de richesses, pèse aujourd'hui de tout le poids de sa flétrissante corruption sur les droits moraux et politiques de notre nation, et infiltre peu à peu dans les veines de la classe moyenne ce poison corrosif d'une indifférence funeste et honteuse, en lui enseignant et lui répétant sans cesse cette maxime sauvage autant que sacrilége : *chacun pour soi.*

Et vous le savez cependant, hommes de la finance, ce n'est point dans cet amour exclusif de son bien-être particulier, que se trouve l'amour de la patrie : mais que vous importe à vous, ces mots *honneur, patrie, liberté!!!* Prenez - y garde, pourtant, ces mots sacrés vibrent harmonieux sur la fibre populaire, et c'est aux mâles accents de la liberté qu'un peuple se réveille et redemande ses droits. Vous ne pouvez éternellement compter sur sa longanimité : il sait se souvenir à temps de ce qu'il est et de ce qu'il peut, et s'il ose établir la moindre comparaison entre le scandale de votre

position et le dénuement de la sienne,
votre règne est fini.

Et vous, hommes du gouvernement,
vous n'êtes donc jamais descendus des
hauteurs du pouvoir pour examiner,
étudier, comprendre ce qui se passe au-
dessous de vous dans les régions habitées
par le peuple? vous n'avez donc jamais
assisté au spectacle de ses souffrances
physiques et morales? vous ne savez donc
rien de sa vie de chaque jour, puisque
dans votre fatale insouciance vous pa-
raissez ignorer le premier de ses besoins,
la plus chère de ses espérances; puisque
vous lui refusez son droit d'égalité civile
et politique? Que si vous craignez ou ne
voulez pas voir l'existence que vous avez
faite et que vous vous efforcez de main-
tenir à cette partie la plus nombreuse et
la plus utile de la nation, au profit de
votre privilége financier, écoutez au

moins ces voix douloureuses qui s'efforcent de monter jusqu'à vous, n'attendez pas que ces gémissements plaintifs se changent en cris menaçants, car la mesure est comble et le vase si plein qu'il doit déborder.

Examinons, en effet, le sort du peuple, c'est-à-dire de cette classe du peuple qui renferme le laboureur et l'ouvrier.

DU LABOUREUR.

Le corps courbé depuis le lever du soleil jusqu'à son coucher, il trace de pénibles sillons, cultive les vignes, moissonne les champs et supporte dans des travaux si durs les ardeurs de l'été et la rigueur des hivers.

Sous ce nom de laboureur, nous comprenons tout individu qui cultive la terre soit comme fermier, soit comme journalier, et qui trouve seulement dans ce travail le strict nécessaire des besoins de la vie. Nous n'entendons point parler ici du gros fermier ou cultivateur propriétaire, que son impôt de **200** francs place nécessairement dans la classe du privilége, et qui est au petit fermier ce

que le haut négoce est au petit commerce.
Nous ne refusons point à ces privilégiés
de la charrue les soins, les peines et les
soucis qui accompagnent leurs travaux,
nous rendons justice à la surveillance, à
l'activité, à l'énergie qu'ils pratiquent, ce
qui, dans notre ordre de choses, les rend
véritablement les soutiens de l'agriculture : mais ceux-là s'ils sèment, ils ré-
coltent, la fortune sourit à leurs travaux,
et avec elle naissent toutes les faveurs que
notre constitution politique prodigue à
ceux qui possèdent. L'existence du gros
fermier ne doit donc point nous préoc-
cuper, mais bien le sort du fermier nécessiteux, du journalier prolétaire, de cet
immense majorité qui constitue l'homme
des champs ou habitant de la campagne.

*O trop heureux les laboureurs s'ils
connaissaient leur bonheur !*

Je ne sais pas d'ironie plus amère que

cette exclamation du poète latin, jetée de nos jours à la misère des habitants des campagnes. Poète et courtisan, Virgile pouvait à ce double titre permettre l'exagération à sa muse adulatrice ; aussi rien de moins prouvé que ce bonheur des habitants de la campagne sous le règne du pacifique Auguste : mais ce qui est certain, c'est qu'au temps présent, sous un règne non moins pacifique ; après trente années d'une paix à peine troublée par les commotions politiques qu'imprime nécessairement le progrès à l'Europe monarchique, nous voyons le laboureur soumis aux cruelles épreuves d'une misère si accablante qu'elle va même, nous l'affirmons, jusqu'à la honte et la dégradation. Du nord au midi, de l'est à l'ouest, parcourez en tout sens cette France dont on vante à l'envi l'abondante fertilité ; allez, voyez, interrogez,

et vous serez effrayé, non pas précisément
de cette absence des moindres commo-
dités de la vie, de cette nudité, de cette
misère qui saute aux yeux, vous frappe
et vous saisit en entrant sous le toit dé-
labré du métayer ou du journalier, mais
de cet accablement fatal, de ce désespoir
funeste et cependant résigné, répandus
sur les traits du paysan et qui lui donnent
cette physionomie dédaigneuse et sauvage, cet air d'ironie grossière, d'indifférence inouïe, signes apparents d'une
âme que l'espérance a pour jamais aban-
donnée ; car ses pénibles travaux, si
rudes, si arides, si durs qu'ils soient, ne
lui promettent ni jouissance, ni vie aisée,
mais seulement la triste assurance de ne
pas mourir de faim avec sa famille ; et cela
est à la lettre, quoi que puisse exclamer le
privilége dans son hypocrite indignation.

Le loyer d'une ferme, grâce à la concurrence qui s'est établie de nos jours au fond des campagnes comme au sein des villes, atteint aujourd'hui les limites de l'impossible, et par une conséquence forcée la paie du journalier subit chaque jour aussi une impitoyable diminution; car c'est le laboureur qui emploie le journalier, et il est évident que plus la rente du premier sera élevée, moins le travail du second sera rétribué. La principale cause de leur misère est donc, pour le laboureur et le journalier, dans le prix trop élevé et toujours croissant du fermage des terres. Deux autres causes, non moins actives peut-être, conspirent aussi, hâtent et précipitent la ruine du laboureur : ce sont l'usure d'un côté, de l'autre les émoluments énormes et pour ainsi dire arbitraires que s'adjugent l'avoué, le notaire et l'huissier de province.

Il n'est besoin de dire que le fermier,

assez mal conseillé pour avoir recours à l'épouvantable ressource que peut offrir un emprunt usuraire, marche et court à la rencontre d'une perte inévitable. Car chacun sait le taux excessif que l'usurier prélève sur l'emprunt qu'il a consenti. Quoique l'usure prenne toutes les formes, quoiqu'elle se cache sous tous les noms, il n'est pas difficile cependant de soulever le masque qui recouvre son hideux visage. A la ville, dans le bourg, au village, la rumeur publique porte rarement un jugement téméraire, et celui qu'elle accuse et signale à l'indignation de tous, pourrait justement traîner le boulet dans un des ports de Brest ou de Toulon. Une chose étonne, c'est l'indulgence aveugle du parquet et de la magistrature pour cette race maudite que l'on ne saurait trop abhorrer et punir du plus flétrissant châtiment ; car,

nous le demandons à tout honnête homme
et nous le prions de formuler ici son jugement, si celui qui tue avec préméditation mérite l'échafaud, que mérite l'u-
surier qui, lui aussi, avec préméditation,
porte dans vingt familles le désespoir, la
honte et le suicide, par la ruine qu'il
a provoquée !

Nous n'assimilons pas l'avoué, le notaire et l'huissier à l'infâme race usurière
dont nous venons de parler ; nous esti-
mons bon nombre d'honorables membres
de ces trois états ; et nous établissons
d'ailleurs, pour ce que nous allons dire,
une forte et grande exception : mais tout
homme juste et consciencieux nous ac-
cordera que nous sommes dans le vrai
en affirmant que l'avoué, le notaire et
l'huissier font avant tout et surtout leurs
affaires en s'occupant de celles de leurs
clients, et que le laboureur, qui connaît

peu ou point les formalités qu'exige
l'application des lois, offre à la dévorante
rapacité de ces messieurs, une proie
aussi sûre que facile, et, en effet, peut-il
en être autrement ? voyez le prix scan-
daleux de leurs charges, de leurs études
et de leurs cabinets, que le meilleur
mariage ne pourrait assurément payer ;
et cependant, s'ils connaissent quelque
peu l'ordre et l'économie, ces messieurs
se retirent après cinq et dix ans, au plus,
d'exercice, possesseurs d'une très-jolie
fortune. Nous ne voulons soulever aucune question ici ; mais il nous paraît,
hélas ! bien nécessaire que le gouvernement s'occupe sérieusement d'assigner à
ces trois professions les limites qui doivent circonscrire leurs attributions, et les
force enfin à donner des comptes d'une
exacte probité. Nous avons des juges
taxateurs, dira-t-on. Oui, sans doute,

mais ces juges, quelle que soit leur scrupuleuse et sévère justice, ne peuvent tarifer que le coût des actes et des vacations, et leur esprit comme celui des malheureux clients, se fatigue, s'égare et se perd dans ce dédale inextricable nommé *frais de ports de lettres, frais de déplacement, frais de voyages, frais d'intérêts, etc.*

Il nous a paru convenable de placer ici cette digression, redoutant fort peu les clameurs qu'elle pourrait soulever, car nous possédons à l'appui de nos assertions mille preuves que nous nous empresserons de fournir, si l'on ose parfois les demander. Notre but n'est point d'insulter par la calomnie, mais de dire la vérité en ouvrant les yeux au peuple sur sa position : revenons maintenant à celle du laboureur.

On a fait et on fera longtemps encore de gros livres sur l'économie rurale ;

mais, hélas ! combien les théories qu'ils renferment sont loin d'aplanir les difficultés, de lever les obstacles qui se hérissent devant la pratique, et puis ces livres sont-ils le moins du monde écrits pour le laboureur ? Il nous semble, à nous, que l'économiste doit s'efforcer avant tout de faire comprendre que l'amélioration de la terre dépend uniquement de la position aisée du cultivateur ; là est tout le problème des produits agricoles. Exemple :

Voyez ce propriétaire cultivateur qui tient à la fois du négociant et de l'homme de loi : retiré du commerce ou des affaires, il n'a plus eu qu'une seule idée, celle de faire valoir. Il oublie sucre, toiles, fourrures, protêts, partage, licitations ; la passion, ou plutôt le démon de la culture s'est emparé de lui. A-t-il lu Théocrite ou Virgile, Saint-Lambert, Delille, ou les *Pastorales* de M. de Florian ? je ne sais ; mais son âme candide et ingénue aspire aux douceurs de la vie champêtre, et comme ses moyens lui permettent de satisfaire cet innocent caprice, le voilà devenu cultivateur ; ne croyez pas du moins qu'il paie de sa personne ; non, mais s'il a le bon esprit de laisser aux mains de quelque pauvre laboureur ruiné la direction de son faisant valoir, en lui associant quelques bons journaliers qu'il est si facile de rencontrer, la fortune lui sourit aussi agréablement que s'il servait encore la pratique empressée devant son comptoir ou s'occupait, dans la solitude du cabinet, des intérêts de son riche client. Mais qu'il marche seul, guidé par des théories trop souvent anormales, quoique riche et membre correspondant de plusieurs sociétés agricoles, il succombera sous les ruineux essais qu'il aura tentés s'il ne sait s'arrêter à temps.

Soyons donc convaincus de cette vérité, savoir : que le laboureur sait cultiver, mais qu'il n'a pas les moyens de bien cultiver, et qu'ainsi, tant que les charges écrasantes qui pèsent sur l'agriculture ne seront pas allégées, tant que le prix du fermage ne sera pas en rapport avec la production , loin d'avancer dans la voie du progrès, le laboureur restera stationnaire, embourbé malgré lui dans l'ornière de la routine, et la misère l'accablera chaque jour davantage.

En effet, combien de fermiers qui, pour payer leur rente, sont forcés de vendre morceau par morceau le faible patrimoine que leurs pères avaient mis cinquante années à acquérir ! Combien d'autres, contraints de résilier leur bail, laissent avec sa ferme au propriétaire leur dernière ressource pécuniaire ! Combien ne peuvent conjurer l'arrivée de l'huissier, la saisie et la vente de leurs meubles et de leurs bestiaux! Et combien peu, hélas! sont assez heureux de remplir les conditions d'un bail et payer à l'échéance la rente de leur fermage! Car pour cela il ne faut éprouver aucune perte : il faut que les arbres et les vignes aient bien rendu, il faut que la récolte, échappée aux pluies et à la grêle des orages, soit rentrée à temps; car un seul instant suffit, pour que, sous le souffle de la mortalité, sous le vent de la tempête, tombent morts et renversés, bestiaux, arbres et moissons.

La vie du laboureur n'est-elle pas une vie d'inquiétude continuelle? A peine a-t-il ensemencé son champ, qu'il craint pour l'herbe de ses blés les rigueurs de l'hiver. Il redoute au printemps la chaleur pénétrante du jour et le froid glacial des nuits; et l'été, chaque éclair qui sil-

lonne l'horizon, c'est le ravage et la des-
truction de ses fruits et de sa récolte.

Quelle abnégation et quelle privation
non-seulement de toute jouissance, mais
de toute commodité des besoins de la
vie ! Sa frugalité ne se traduit-elle pas
par l'abstinence la plus rigoureuse ? Et
pourtant son travail commence aux pre-
mières lueurs du jour, pour se pro-
longer même durant la nuit, et c'est à
peine s'il donne quelques heures de repos à ses membres fatigués, pour re-
commencer le lendemain le travail de la
veille, et son courage opiniâtre brave
continuellement les vents et la pluie, le
froid et les chaleurs... Oh ! oui, c'est
une sanglante et cruelle ironie que cette
exclamation de Virgile, adressée de nos
jours aux habitants de la campagne : *O
trop heureux les laboureurs s'ils connaissaient leur bonheur !*

Mais ce n'est point encore au fermier qu'est réservée la plus implacable misère, c'est au journalier, véritable ilote voué au travail le plus dur et le plus stérile. Voyez-le regagnant à la brune sa misérable hutte. Il marche péniblement, et ses traits sont empreints d'une sombre tristesse. Il ne se hâte pas, quoiqu'il sache que sa femme et ses enfants l'attendent ; car il sait aussi que le produit de son ingrate journée ne peut suffire , nous ne dirons pas à la nourriture de sa malheureuse famille, mais à apaiser la faim dont elle est tourmentée. Et cependant il s'est livré tout un long jour aux rudes travaux de la bèche, de la pioche ou de la faulx, il a supporté les ardeurs de la canicule, la sueur de son front a dégoutté par terre, ses membres sont brisés par la fatigue. Et, s'il peut à peine trouver dans les travaux de l'été une existence assurée , que deviendra-t-il , lorsque les gelées de l'hiver auront rendu tout travail impossible ? Quelle sera sa ressource , quelle espérance lui restera-t-il ? Que dis-je l'espérance ! Hélas ! cette dernière consolation , ce dernier soutien du malheur, a fui devant l'horreur de la réalité. Le froid , la faim , la plus inexorable misère sont là qui accablent sous leur fatale étreinte cet homme infortuné qu'une providence miraculeuse peut seule soutenir dans cet abandon suprême... Et sa femme est enceinte, ou elle présente à la bouche fiévreuse de son nouveau-né un sein flétri et desséché, tandis que ses autres enfants presque nus, pâles de froid et de faim, crient d'une voix affaiblie et répètent sans cesse dans leur innocence cruelle : *du pain ! du pain ! père , du pain ,!!!*

Nous étalons à plaisir une misère imaginaire, dira-t-on ; nous empruntons au roman ou au drame quelques unes de leurs lugubres péripéties : Cela n'est pas, cela ne peut pas être, exclamera quelque honnête bourgeois ayant les pieds bien chauds, un fauteuil bien mollet et de bon vin dans un large verre ! ... Eh bien, que ce digne optimiste quitte à l'instant et sa table et son feu, qu'il ose affronter les larges flocons de la neige qui tombe, qu'il se rende au hameau le plus proche, qu'il frappe à la porte du premier toit qu'il rencontrera : et alors, si tout sentiment d'humanité n'est pas éteint en lui, si toute sensibilité ne l'a pas abandonné, nous verrons si ses yeux resteront secs, devant le spectacle offert à sa vue? Car, nous l'affirmons sur l'honneur, nos yeux à nous, ont pleuré cent fois et plus, à l'aspect de ce tableau funeste que notre main inhabile a essayé de retracer.

On ne meurt pas de faim, dira-t-on encore; peut-être : mais est-ce donc vivre que de disputer sa nourriture à la brute, à un animal immonde ? ...

Hélas ! que si nous voulions dire une à une toutes les misères du laboureur et du journalier, l'esprit se révolterait à leur récit, car il y a de ces réalités si poignantes qu'elles doivent être cachées, ou tout au moins voilées.

Toutefois, nous le disons hautement, une misère aussi profonde enfante au fond des campagnes cette honteuse dépravation, qui semblait être le partage exclusif de nos cités populeuses, et nous voyons aujourd'hui le chaume de la hutte abriter sous son toit de paille les dégoûtantes et crapuleuses débauches de la prostitution ; et s'il est vrai qu'on ne meurt pas de faim, sachez-le donc enfin, hommes du privilége, c'est à ce prix seulement.

Vous avez fait écrire sur des poteaux plantés sur les grandes routes, au milieu des carrefours, au coin des villages et des hameaux : *La mendicité est défendue !* (Proscrire la mendicité, c'est commander le vol); puis vous vous êtes croisé les bras, espérant, sans doute, excellents philanthropes, abolir du même coup cette pauvreté couverte de haillons, dont la plainte incessante affectait trop douloureusement vos oreilles. Mais qu'avez-vous fait? si la pauvreté, nue et criarde, n'importune plus sur le grand chemin vos yeux et vos oreilles; prenez garde, insensés, que son spectre décharné ne se lève menaçant dans la cour même de vos hôtels et de vos villas, et alors ce ne sera plus la plainte suppliante de la pauvreté, mais le cri farouche de la misère, et cette voix terrible vous poursuivra jusque dans la salle du festin. Car le paupérisme fait d'effrayants progrès de nos jours, et sa lèpre contagieuse se communique, hélas ! au corps le plus sain de la nation, en s'attachant aux membres épuisés du peuple laboureur et du peuple ouvrier.

Voilà donc la part que nous avons faite à cette partie, la plus nombreuse et la plus utile des habitants de la campagne. Un travail continuel sans le moindre adoucissement à la position la plus précaire et la plus misérable que l'on puisse imaginer... Oui, à ce laboureur qui, le corps courbé depuis le lever du soleil jusqu'à son coucher, trace de pénibles sillons, cultive les vignes, moissonne les champs, supporte enfin, dans des travaux si durs, les ardeurs de l'été et la rigueur des hivers, à ce laboureur, dis-je, peines, soucis, inquiétudes, privations, isolement, abandon, misère, en un mot toutes les déceptions qui traversent l'existence, sans aucune des consolations qu'elle accorde quelquefois avec l'espérance, et la religion elle-même ne saurait dissiper les horribles angoisses qui torturent sans relâche des cœurs meurtris et déchirés par l'amertume de leurs pensées et le désespoir de leurs réflexions.

La religion! non, nous nous trompons, la religion a de douces, de saintes paroles de consolation pour toutes les souffrances, et nous aimons à le constater, il en est bien peu parmi ses ministres qui ne comprennent leur mission apostolique.

Nous l'avons dit en commençant, le clergé français n'est plus la classe privilégiée de 1780, et il répudie sincèrement

les idées réactionnaires de la Restauration. L'épiscopat français comprend
aujourd'hui qu'il doit marcher dans le
progrès, et nous le proclamons, quoi que
puisse dire l'esprit de parti : le saint-
siége a prouvé depuis l'avénement de
Pie IX, que le peuple pouvait compter
au nombre de ses amis les plus dévoués
le chef de l'Église lui-même, et les membres les plus intelligents, les plus dignes
et les plus éclairés du sacré Collége.

Le prêtre ne sait-il pas en effet que
toutes les idées utiles à l'humanité sont
dans l'Evangile qui ne recommande
qu'amour, espérance et charité ? Que
l'orateur sacré ne se lasse donc point de
persuader, de convaincre, et surtout de
consoler ces hommes simples et con-
fiants, ces pauvres laboureurs, dont les
forces s'épuisent dans les plus rudes travaux, dont la vie se consume dans les

plus tristes souffrances du corps et de l'âme. Qu'il parle en apôtre, qu'il répande la parole divine telle qu'elle est empreinte dans l'auguste morale du livre qui la contient.

Ministres de Dieu, disciples de celui qui a dit : *Venez à moi, vous tous qui souffrez et je vous consolerai,* votre mission est belle si vous voulez la remplir, si vous voulez attaquer de toutes parts les abus moraux et politiques de notre siècle, et terrasser l'affreux égoïsme qui domine notre ordre social.

Et vos pères, vos mères, vos frères et vos sœurs, n'est-ce pas le peuple de nos villes et de nos villages, de nos hameaux et de nos fermes, de nos usines et de nos ateliers ? n'êtes-vous pas les enfants du laboureur et de l'ouvrier ?.. Instruisez-le donc ce peuple, réveillez-le de son engourdissement fatal ; apprenez-lui à se connaître , dites-lui ses devoirs et ses droits , et vous serez véritablement les envoyés du Christ, car il l'a dit lui-même : *La Loi et les Prophètes se réduisent à ceci : faites aux autres ce que vous voudriez que l'on vous fît.* Emparez-vous de cette maxime sublime et fondamentale de la religion et de la morale universelle, prêchez sur ce texte sacré , enseignez-le à tous, toujours et partout : qu'il soit l'arche de salut du peuple et son espérance, qu'il soit la condamnation et la ruine du privilége, que vos dogmes sacrés vous ordonnent de détruire.

DE L'OUVRIER.

> Suivez-le au fond de nos usines
> et de nos ateliers insalubres, puis
> entrez avec lui sous les combles
> étroits de sa triste mansarde, et
> nous verrons si vous oserez insulter
> plus longtemps à la détresse d'une
> position si misérable...

Nous comprenons sous ce nom cette autre partie du peuple qui habite les villes, les bourgs, les villages manufacturiers, et trouve dans le travail d'un métier, d'une profession, d'un état, le strict nécessaire des besoins de la vie. Sa condition est donc celle du laboureur, c'est-à-dire que comme ce dernier, l'ouvrier peut seulement espérer, à l'aide de son travail, du pain pour sa faim. Nous

ne classerons point ici les nombreuses
catégories de métiers, d'états et de professions, qui forment dans leur ensemble ce nom collectif d'ouvriers, donné
à tout individu vivant de son travail ;
nous établirons seulement deux distinc-
tions ou classes : celle des maîtres ou
supérieurs, celle des compagnons, salariés ou subordonnés, et, de même que
beaucoup de maîtres ouvriers, comme
les cultivateurs propriétaires, trouvent
dans les bénéfices de leurs professions,
une existence facile, aisée et souvent
fortunée, qui les range dans la classe
du privilége, nous laissons de côté
cette faible minorité, pour nous occu-
per de la position de cette forte majorité, que nous nommons compagnons,
salariés, subordonnés. Toutefois l'ouvrier n'est pas seulement tout individu
qui travaille sous la direction ou le pa-

tronage d'un maître ; nous appelons encore ouvrier tout individu qui, quoiqu'établi, n'a cependant qu'une existence précaire ; et ainsi, tout petit commerçant, tout petit fabricant qui vit à peine de son commerce et de son industrie, est conséquemment un ouvrier, car pour les uns et les autres, c'est à peu près la même vie de privations et de misères.

Dans nos grandes cités, dans nos villes et bourgs de provinces, le petit commerçant, quelle que soit sa profession, ne saurait aspirer à un bien-être véritable ; de trop lourdes charges l'écrasent sous leur poids, et c'est à peine si son gain peut payer l'impôt que réclame sa patente. Aujourd'hui que la concurrence la plus effrénée règne partout, il faut que le commerçant puisse ouvrir un crédit sur de larges proportions, et cette faculté manque à la position nécessiteuse du petit commerçant, qui ne peut lutter avec avantage contre les forces réunies de la banque et du haut négoce. En vain appelleront-ils à leur secours la plus sévère économie, l'ordre le mieux calculé ; les petits industriels doivent succomber sous les déloyales combinaisons de leurs adversaires.

La lecture des feuilles commerciales prouve jusqu'à l'évidence, que les plus fortes maisons de commerce tombent elles-mêmes, trop souvent victimes de la concurrence qu'elles ont provoquée. Comment donc lui résisterait cette foule innombrable de petits commerçants, qui n'ont pour toute ressource que l'intelligence de leur état?

Ayons le courage de le dire : le commerce touche aujourd'hui à une des crises les plus violentes qu'il ait ressenties depuis longtemps, et l'intelligence

la plus vulgaire comprendra peut-être
que nous sommes enfin arrivés à cet
instant fatal où l'illusion elle-même ne
saurait plus être permise ; et en vérité,
nous ne savons si l'on doit plutôt plain-
dre que blâmer cet imperturbable sang-
froid, cette impudence révoltante de nos
hommes d'Etat, lorsqu'ils osent procla-
mer *la prospérité toujours croissante
du pays*, à la vue d'un malaise aussi
décourageant et aussi funeste. Il y a dans
ce mensonge officiel un aveuglement ou
une audace si grands en présence des
faits si affligeants qui nous débordent,
que l'on est tenté parfois de se demander si nos yeux ne nous trompent pas,
si nous ne sommes pas dupes de quelques rêves fallacieux..... Mais non, ce
que nous voyons est bien la réalité ;
c'est bien le commerce qui se traîne
languissant au bord du précipice que la

concurrence creuse sans cesse sous ses pas ; c'est bien l'ouvrier étouffé sous l'étreinte de ce fléau maudit, et précipité par lui dans un abîme d'opprobre et de misère ; car en diminuant le prix de la main-d'œuvre, la concurrence déprécie forcément la valeur de la production, elle ruine le commerçant et tue le salarié.

Nous ne décrirons point ici toutes les tribulations, toutes les afflictions, toutes les peines qui assiégent la boutique du petit commerçant, l'atelier du fabricant nécessiteux ; nous n'essaierons pas de dépeindre la lutte acharnée de l'ouvrier aux prises avec la nécessité ; nous ne dirons rien de ces combats de chaque jour, qui épuisent ses forces, son courage et son intelligence ; nous nous tairons sur ses douleurs atroces, compagnes infatigables d'une existence toute remplie de dégoûts et d'humiliations, de soucis et d'inquiétudes, de besoins et de privations ; car nous ne pourrions que répéter ce que nous avons dit du laboureur et du journalier : c'est la même vie de sueurs et de travaux, ce sont les mêmes peines et les mêmes misères.

Soit qu'il fouille nos mines et nos carrières, soit qu'il dessèche nos marais et nettoie nos rues, soit qu'il bâtisse nos maisons et fabrique nos meubles, soit qu'il forge nos fers et coule nos bronzes, soit qu'il blanchisse ou tisse nos laines, nos fils et nos soies, quels que soient enfin son état et sa profession, l'ouvrier de nos villes, de nos bourgs et de nos villages partage, avec l'habitant des campagnes, toutes les horreurs du présent, toutes les poignantes incertitudes de l'avenir.

Et vous, qui vantez si effrontément *la prospérité toujours croissante du pays*, suivez-le donc quelques instants au milieu de ses travaux, ce peuple ouvrier, si impitoyablement sacrifié à l'avidité de votre privilége financier ; suivez-le au fond de nos usines et de nos ateliers insalubres, puis entrez avec lui sous les combles étroits de sa triste mansarde, et nous verrons si vous oserez insulter plus longtemps à la détresse d'une position si misérable. Car le cœur se serre dans la poitrine oppressée à la vue de ces souffrances indicibles, de ces douleurs inouïes qui brisent les plus mâles courages et dépravent, hélas ! les plus généreux instincts ! ...

L'homme des champs respire l'air pur des campagnes ; le tableau pittoresque et varié qui s'offre à ses regards, chasse parfois la sombre tristesse qui le poursuit : mais cette consolation n'a jamais dissipé les lugubres pensées de l'ouvrier de nos usines et de nos ateliers, car c'est bien à lui que s'adresse, hélas! dans toute l'horreur de son expression, cette infernale exclamation du Dante Aligieri : *Entrez maudits, plus d'espérance !...* »

Eh bien ! malgré cette existence matérielle, si remplie de peines et de souffrances, l'ouvrier se contenterait peut-être du sort qui lui est fait, il accepterait sans murmurer peut-être l'infortune de sa position ; en effet, vivre en travaillant, tel est son but, telle est son espérance ; mais il n'en est pas ainsi : il faut encore que la douleur morale le frappe de ses coups les plus rudes, car, pour prix d'un travail si opiniâtre et si assidu, il ne reçoit qu'un salaire insuffisant à l'entretien de sa nombreuse famille, et c'est alors qu'une corruption précoce plonge dans la dépravation tant de familles infortunées.

3.

Vous qui n'avez pour la fille déchue que des paroles de honte et de mépris, êtes-vous donc si peu intelligents des faiblesses de l'humanité, que vous osiez si impitoyablement juger et condamner une flétrissure que vous provoquez vous-même? A qui la faute, si la fille à peine nubile de l'ouvrier étouffe sous de criminelles caresses tout sentiment de pudeur? A cette jeune fille travailleuse, l'unique soutien d'un vieux père, d'une mère infirme, qui bientôt ferait le bonheur d'un ouvrier laborieux comme elle, ne dites-vous pas, hommes sans cœur et sans entrailles : Sois à moi, ou je te chasse! ... et cette jeune fille malheureuse, ignorante et craintive, reçoit vos dégoûtantes caresses.... elle aurait pu résister au mensonge et à la flatterie de vos prières, elle a dû succomber devant l'infamie de vos menaces... Non, personne ne l'ignore plus aujourd'hui , si la fille du peuple se prostitue , c'est parce que son travail ne saurait suffire au premier besoin de la nature , c'est parce qu'elle a faim.

Et on ose nous crier : *La prospérité toujours croissante du pays ! !* Mais où est-il ce pays ? par qui donc est-il habité ? Oh ! nous vous en supplions ! un peu moins de cette impudente hardiesse. Modérez , s'il se peut , les excès de cet insensé délire. Ne voyez-vous pas sous les obscures et larges voûtes de nos hôpitaux , ces milliers de squelettes qui se lèvent pour vous accuser , en agitant leurs membres déjà glacés par le froid de la mort ! Ne les entendez-vous pas murmurer convulsivement avec d'horribles imprécations ces mots lugubres : *Mensonge ! mensonge ! !*.. Oh ! oui, mensonge ! ! ! Car l'hôpital lui-même ne saurait plus abriter aujourd’hui ce peuple d’ouvriers que la misère y envoie.

Et voilà donc aussi la part que nous avons réservée à l’ouvrier : pour prix d’un travail incessant la misère et l’hôpital. Pour lui comme pour l’habitant des campagnes, soucis, peines, inquiétudes, privations, misère, en un mot tous les tourments, toutes les déceptions.

Nous ne parlerons point ici de l’usure, quoique nous sachions que c’est surtout dans les villes, au sein des cités populeuses, que l’usure établit de préférence son infernal séjour. Je ne parlerai pas non plus de l’homme de loi; l’ouvrier des villes n’a pas à se défier de l’officier ministériel comme l’habitant des campagnes. Cependant ce qu’il doit éviter avec soin, c’est de s’adresser à ces hommes qu’on appelle *notaires sous seing-privé*, et que l’on qualifie d’avocats, quoiqu’ils soient en

partie dépourvus de toutes les connais-
sances du droit. Le ministère de ces
prétendus hommes d'affaires ne peut
que porter une grave atteinte au repos
des familles en entraînant même la ruine
complète des parties.

Mais que l'on nous permette, en termi-
nant cette esquisse imparfaite du tableau
des misères du peuple, d'adresser un
dernier mot au clergé français. Nous
croyons que l'enseignement des sémi-
naires adopte aujourd'hui cette saine
philosophie de la morale universelle, une
des branches du christianisme, et que
son instruction n'éloigne plus fatalement
le prêtre de la classe dont il sort; nous
croyons sincèrement que de nos jours,
le prêtre ne met plus avant le titre de
citoyen français, celui de sujet de Rome;
qu'il ne demande plus au saint siége
l'autorisation d'obéir aux constitutions

de l'Etat, et qu'ainsi le prêtre sachant d'où il vient, ce qu'il est, et où il va, doit au nom du Christ soumettre à son tribunal tous les abus moraux et politiques qui causent les malheurs d'un peuple et la ruine d'une nation.

CONCLUSION.

Il est acquis pour tous, pour le privilége lui-même, que le peuple a le droit de prétendre à l'égalité politique, et que cette égalité peut seule le conduire à un bien-être réel.

Comprenez-vous maintenant la position que vous avez faite aux ouvriers et aux laboureurs, au peuple en un mot, vous hommes de la bourgeoisie ou aristocratie financière, appelés aux conseils de la couronne, devenus députés, pairs de France, ministres, vous tous par qui les places sont données et possédées ? Le vertige ne vous saisit-il pas de vous voir si élevés, vous qui autrefois rampiez si bas, parti mixte dans l'Etat, tantôt flattant l'orgueil du maître et la fierté de sa noblesse, tantôt caressant les passions de la foule? mais prenez-y garde toutefois, car c'est ce peuple d'ouvriers et de laboureurs qui vous a faits ce que vous êtes : s'il a vaincu pour vous en 89 et 1830, il pourrait vaincre pour lui, et le peuple peut ce qu'il veut, vous ne l'ignorez point... Mais, hélas ! un député l'a dit à la tribune : « C'est une erreur trop accréditée de croire que le passé serve de leçon à l'avenir ; il est un cercle dans lequel semblent rouler les destinées de tous les empires ; le même aveuglement conduit aux mêmes fautes, les mêmes fautes amènent les mêmes catastrophes. »

Sous Louis-Philippe Ier, comme sous Louis XVI, le peuple en France n'exerce aucun droit politique ; ce que la République nous avait si héroïquement acquis, l'Empire et la Restauration nous l'ont traîtreusement repris, et la révolution de juillet ne nous a rien rendu ; l'égalité civile et politique est aujourd'hui un mot aussi absurde que mensonger dans la bouche de nos gouvernants, et cependant sans cette égalité il est impossible que le peuple puisse parvenir à aucune amélioration sociale.

Le privilége écrit en tête de la constitution : *Les Français sont égaux devant la loi.* Mais cette égalité n'est rien moins qu'une fiction ; elle n'existe que sur le parchemin de la Charte, et d'ailleurs, qu'est-ce que l'égalité civile sans l'égalité politique ? L'égalité civile et politique, comme l'égalité naturelle et morale, est fondée sur la constitution de la nature humaine commune à tous les hommes qui naissent, croissent, subsistent et meurent de la même manière ; on ne peut donc les séparer, elles doivent marcher ensemble. Et maintenant qu'est-ce que l'égalité politique? L'égalité politique est le droit qui appartient à chacun d'administrer en commun les intérêts de tous; c'est le droit que possède tout individu de connaître et de délibérer des affaires de son pays par lui-même ou par un représentant; et en effet, ce droit est si évident, si incontestable que M. Persil lui-même, à la séance du 7 août 1830, propose d'ajouter après l'art. 12 de la Charte et sous le titre de la *souveraineté*, deux articles qui seraient ainsi conçus :

« *La souveraineté appartient à la nation, elle est inaliénable et imprescriptible: la nation de qui émanent tous les pouvoirs ne peut les exercer que par délégation.* »

Eh bien ! ce droit que M. Persil voulait conférer au peuple en 1830, ce même peuple le possède-t-il en 1847?

Cette classe la plus utile et la plus nombreuse qui compose la nation, est-elle admise à discuter ses propres intérêts, à décider ce qui lui est utile ou préjudiciable? Non, nous l'avons dit : la représentation nationale n'est qu'une fiction mensongère ; nous n'avons en France qu'une représentation de privilégiés ; c'est-à-dire que deux cent mille individus au plus, s'imposent les tuteurs d'une nation composée de trente cinq millions d'habitants... Voilà qui est conforme au droit naturel, au droit imprescriptible du libre arbitre que tout homme apporte en naissant ! Mais cette classe privilégiée a pour elle le savoir, l'intelligence, le génie? A-t-elle nécessairement toutes les supériorités, toutes les gloires et surtout la moralité?.. Non, mille fois non, car le peuple peut à bon droit revendiquer, comme sortis de son sein, toutes ces hautes célé-

brités qui font l'honneur et la gloire
d'une nation. Mais que possède alors cette
classe privilégiée, pour s'arroger ainsi ce
droit exclusif de veiller aux intérêts de
tous? quel est l'éclatant prestige qui l'en-
vironne, l'étonnante et admirable capa-
cité qui fait son pouvoir et sa puissance?
Ce que c'est? eh! mon Dieu, ne le savez-
vous pas? mais c'est tout simplement
une imposition de 200 fr.; car il est écrit
dans la Charte : « Tout Français jouissant
de ses droits civils et payant 200 fr. d'im-
pôts est électeur. Ainsi donc, vous tous, laboureurs, journaliers, ouvriers, artisans,
prolétaires, vous qui composez la partie
la plus nombreuse et la plus utile de la
nation, il vous est défendu de jamais
prétendre à la jouissance de droits politiques, et par cela même à l'amélioration
de votre sort par l'aisance et le bien-être;
peut-on croire en effet, sans une insigne

folie, qu'une classe privilégiée, dont le signe distinctif est l'égoïsme, va sacrifier ses propres intérêts à des intérêts opposés aux siens ? Non certes, car ce n'est point à notre époque qu'il faut demander le sacrifice d'un intérêt particulier en vue d'un bien général.

Dirons-nous ici ce que tout le monde sait, ce qui a été répété mille fois : que c'est véritablement le peuple qui paie cet impôt de 200 fr. que la loi exige pour la représentation dite nationale ? En effet, lors de l'acquisition d'une propriété, l'acquéreur en calcule l'achat, sur le revenu seulement, et il loue sa terre et sa maison de manière à ce que l'impôt reste à la charge du locataire ou du fermier, et il en est de même pour toutes les productions du sol et de l'industrie ; et toutes ces charges si écrasantes, les charges personnelles surtout, qui les supporte, si ce n'est le peuple? Le privilége ne peut donc se prévaloir de son impôt de 200 francs, car en définitive, ce n'est pas lui qui le paie. Nous l'avons dit aussi, il ne peut opposer son savoir et son intelligence à l'ignorance et à l'imbécillité du peuple. (Nous ne voulons pas récriminer, mais combien d'électeurs seraient forcés de s'abstenir, ou de jeter dans l'urne un billet blanc, sans la plume officieuse d'un secrétaire ou d'un ami.) Ne dites donc pas : Le peuple est inhabile à comprendre ses intérêts, car vous diriez une chose si stupide et si monstrueuse qu'elle signalerait votre propre ineptie. Ne dites pas non plus qu'il n'a pas le droit de se mêler des affaires du pays, puisque ce droit lui appartient comme à vous. A quoi bon d'ailleurs prouver des vérités d'une évidence incontestable? Il est prouvé pour tous, pour le privilége lui-même, que le peuple a le droit de prétendre à l'égalité politique, et que cette égalité peut seule le conduire à un bien-être réel.

Nous le savons, pour arriver à ce résultat bienfaisant que promet et qu'assure l'égalité politique, il reste au peuple un pas immense à faire; mais une volonté énergique, un désir invincible assurent le succès. Notre intention n'est point d'exciter à la haine, d'allumer dans les cœurs dès brandons de discorde, de pousser au désordre, à l'émeute, à la révolte. Loin de nous en effet la pensée de prêcher l'insurrection et de crier aux armes, car nous savons que le pire fléau d'un peuple c'est l'anarchie et la guerre civile; mais nous voulons que le peuple connaisse toute sa force et toute sa puissance, qu'il en ait la conscience et le sentiment, qu'il comprenne que par des moyens justes et légaux il a le droit de reprendre ce qu'on lui a ôté, ce qui lui appartient.

Unissez-vous donc dans un commun effort, vous tous que le privilége financier écrase sous son insolent orgueil. Relevez-vous de cet abattement funeste, sortez de cette indifférence, de cette insouciance extrême : levez la tête et comptez-vous ; mais ne l'oubliez jamais : *l'union, c'est la force.*

www.ingramcontent.com/pod-product-compliance
Lightning Source LLC
Chambersburg PA
CBHW051235030726

47595CB00003B/916